NOTICE DESCRIPTIVE

DE

L'ÉGLISE DE MONTFORT-L'AMAURY

ET

DE SES VITRAUX.

SE VEND AU PROFIT DE CETTE ÉGLISE

(50 CENTIMES).

MONTFORT-L'AMAURY

CHEZ G. L'ÉVÊQUE, LIBRAIRE.

1864

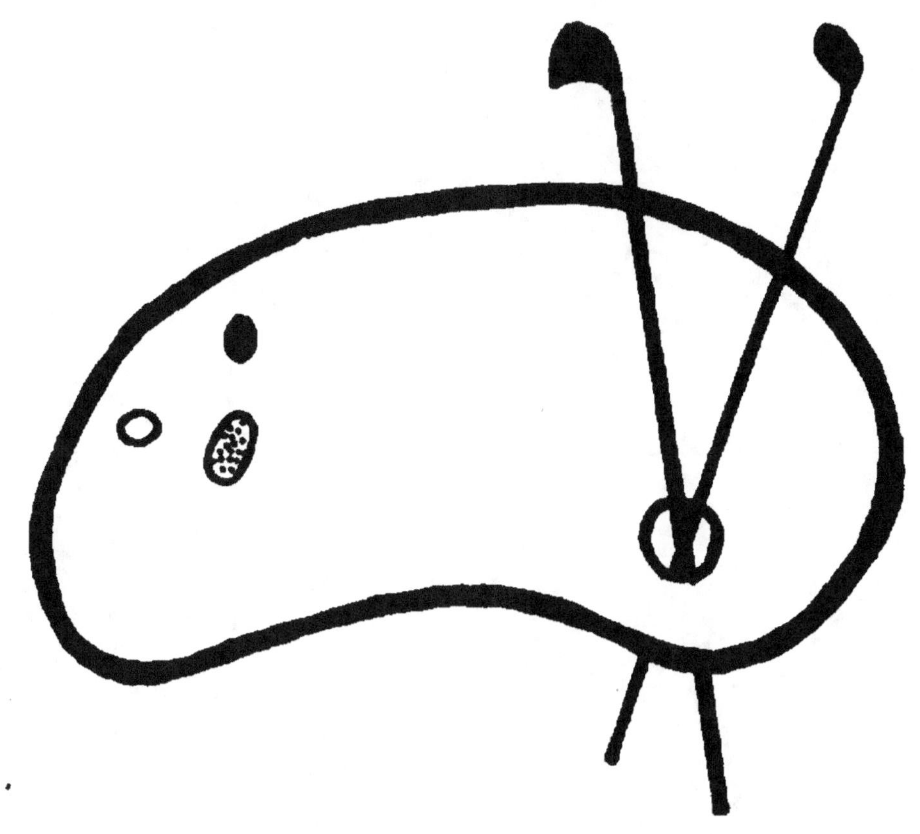

FIN D'UNE SÉRIE DE DOCUMENTS
EN COULEUR

NOTICE DESCRIPTIVE

DE

L'ÉGLISE DE MONTFORT-L'AMAURY

ET

DE SES VITRAUX.

Le voyageur qui parcourt la ligne du chemin de fer de Paris à Granville et qui arrive à la station de Montfort-l'Amaury, la cinquième après Versailles, s'il ne connaît pas les localités, peut se demander où se trouve cette ville, que son nom indique cependant devoir être sur un sol élevé, mais que l'on n'aperçoit pas du point de la station même, parce que la perspective du côté sud et ouest est masquée par un pli de terrain formant colline à peu près à moitié de la longueur de l'avenue qui, de la station, y conduit. Ce n'est qu'après avoir franchi la petite montée à la droite du village de Méré, que l'ensemble du paysage Montfortois se présente aux yeux. Si la distance est un peu longue de la station à l'intérieur de la petite ville, le voyageur ne peut regretter d'avoir à la parcourir, car il est constamment accompagné par une perspective qui change à chaque instant, avec des aspects toujours riants et agréables. Il est vrai que des deux côtés de la colline on rencontre en la traversant des points de vue très-variés, qui ne sont cependant pas à comparer à ceux si étendus

1364

et si splendides qu'offrent les hauteurs de Montfort-l'Amaury et quelques élévations environnantes, dont l'ensemble forme une contrée très-pittoresque et certainement des plus remarquables des environs de Paris.

Le site si riant, si varié, de Montfort-l'Amaury et en général de tout le canton auquel il donne son nom, formant un vaste bassin très-fertile, entouré de tous côtés de collines riantes et luxuriantes de végétation, parsemées de villages, n'est pas le seul objet qui recommande cette localité à l'attention des étrangers. En effet, si cette petite ville n'était pas déjà connue par l'histoire de ses anciens seigneurs qui ont occupé une place très-importante dans les événements généraux du moyen âge, soit par leur renommée et leur puissance, soit par leurs alliances avec les maisons royales de France et d'Angleterre, elle mériterait de l'être par les débris qui existent encore des monuments construits dont la richesse de ses comtes l'avait dotée. Les ruines de son ancien château, dont on voit encore debout quelques fragments que le temps dispute à la montagne sur laquelle il avait été placé d'une manière riante et heureuse comme position militaire, surtout avec la stratégie ancienne; son ancien cimetière orné de charniers construits en galeries couvertes est, dit M. Didron, secrétaire du Comité des arts et monuments historiques, dans un rapport à M. le Ministre de l'instruction publique et des cultes, du 1er juin 1839, « le plus curieux des cimetières de France; » les restes de quelques portes de ville, de murailles d'enceinte et de fortifications : tout cela atteste qu'elle est bien déchue aujourd'hui, et que les événements politiques qui ont brisé la puissance féodale, ont pesé là d'une manière bien destructrice, puisque cette localité qui, avant la révolution de 1789, était le siége d'une élection de la généralité de Paris, celui d'un bailliage royal, d'une prévôté royale ; qui avait une coutume écrite dont le ressort s'étendait à une grande partie du Hurepois; qui possédait une cour des aides, une gabelle, un grenier à sel et d'autres institutions actuellement anéanties, n'a pu retenir, dans la nouvelle division de la France par départements, que le titre modeste de chef-lieu de canton. Cependant si le temps et les événements l'ont atteinte avec tant de dommage, ils ont laissé debout, dominant la ville, sa jolie église ornée de charmants et nombreux vitraux, dont l'importance lui a valu d'être classée comme monument historique, et qui, quoiqu'encore inachevée, n'en est pas moins très-remarquable et l'un des édifices religieux les plus intéressants que l'art ait élevés dans les environs de Paris.

Cette église accuse par sa forme longue, sans croisée ni transepts, l'imitation d'une basilique latine. Sa longueur est de 65 mètres 70 centimètres. Sa largeur est inégale, puisque dans œuvre, à la partie supérieure, entre les deux murs latéraux, au point d'intersection du rond-point du chevet, il existe un espace de 18 mètres 65 centimètres, qu'entre les deux portes latérales l'espace n'est plus que de 18 mètres 15 centimètres, et qu'enfin près de la sacristie, dans la partie antérieure, cette largeur se trouve réduite à 17 mètres 20 centimètres. Un obstacle s'est sans doute rencontré à l'établissement de dimensions plus régulières ; on voit même que l'architecte a été gêné pour l'emplacement des murs latéraux, car du côté méridional la ligne est parallèle, et du côté opposé elle est tourmentée tellement qu'à partir du point d'intersection, en revenant vers la porte latérale, cette ligne rentre vers le centre, pour ressortir ensuite et reprendre une direction plus décidée. La hauteur, en la calculant dans l'ensemble, est, à partir du sol extérieur, de 28 mètres 70 centimètres jusqu'au faîte, et de 20 mètres 10 centimètres jusqu'au dessus de l'entablement. Quant aux bas-côtés, ils sont élevés de 9 mètres 50 centimètres sous comble. Le vaisseau est ouvert par une nef à pleine voûte et par deux collatéraux à basse voûte. C'est par suite de sa disposition peu ordinaire dans la forme du plan d'ensemble, et l'édifice n'étant d'ailleurs accolé par aucune construction étrangère ou accessoire, que la sacristie se trouve forcément empruntée à la partie inférieure.

L'appareil général est en pierre de Crespierres ou de Saint-Nom, dont la distance, à partir des carrières, est de 20 à 28 kilomètres. La partie la plus récente est construite en pierre de Maule, à une distance à peu près égale ; mais les parties qui la contiennent sont déjà en un moindre état de conservation. La construction repose sur des assises en grès montées jusqu'à la hauteur d'un mètre et demi au-dessus des fondations.

Dans la partie centrale, du côté gauche, on aperçoit le jambage septentrional d'une ancienne tour de style roman qui paraît avoir formé le porche de l'église ancienne autour de laquelle a été élevée celle qui se voit aujourd'hui. Cette ancienne construction, qui tient la place de trois piliers de la nef, a reçu l'application de la chapelle de la Vierge.

L'église est sous le vocable de Saint-Pierre. Son aspect général indique trois époques distinctes à sa construction : les fenêtres géminées et la corniche à modillons formés de figures grimaçantes, en saillie, que l'on voit à la partie extérieure des restes de l'ancienne tour, accusent le style roman du xii° siècle. Tout le reste appartient au style ogival tertiaire ou de la fin du xv° et du commencement du xvi° siècle. Cependant, entre la partie entièrement achevée de la reconstruction et celle reprise à la suite, mais interrompue, la décadence du caractère ogival est patente : un demi-siècle au moins sépare cette reprise. Si l'imitation est apparente, les détails décèlent un retour plus prononcé vers les formes classiques. Les pinacles à crochets employés d'abord au couronnement de la partie inférieure des contreforts extérieurs soutenant les bas-côtés, sont remplacés par des chapiteaux à feuillage dans les plus récents. Les meneaux des fenêtres et les moulures appartenant à cette partie plus ancienne de la reconstruction sont prismatiques ; les divisions des ogives, d'abord flamboyantes, sont uniformément arrondies dans celle de la partie plus récente ; les pieds-droits se composent de petites colonnettes uniformes, et les voussures, uniformes aussi, sont garnies de tores retombant sur ces colonnettes ; les meneaux sont analogues, et les contreforts ne sont ornés d'aucune sculpture ou moulure. Si la disposition de ces contreforts est la même, l'exécution a changé : les plus récents sont montés sur dés en grès qui leur servent de socle.

Le portail n'a été adapté qu'en 1613. Son ornementation indique une distance tranchée de temps entre ces diverses constructions. A cette époque le style ogival a totalement cessé.

Par ces différences de styles, l'église de Montfort-l'Amaury est un monument curieux et qui offre des types variés à l'étude de l'architecture religieuse.

Toutes les fenêtres sont ogivales. La porte latérale du côté sud est remarquable par l'élégance, la richesse et la délicatesse de ses détails ; elle indique, par la pureté de son style, le commencement du xvi° siècle. Il en est de même pour les gargouilles et pinacles des contreforts de ce côté.

A chaque division des bas-côtés les arcs-doubleaux et les nervures qui se fondent avec les piliers, colonnes et ogives, retombent en clés pendantes sous leurs voûtes. Ces clés, parfaitement sculptées, évidées à jour et fleuronnées, sont au nombre de cinq dans chaque division et produisent un charmant effet. Beaucoup servent de lanternes dans lesquelles sont des personnages qui paraissent en sortir pour parler aux assistants. Ce genre d'ornementation des voûtes par des clés pendantes se remarque aussi à l'église Saint-Eustache de Paris, qui est contemporaine de celle-ci.

Vu de la partie sud de la ville, le chevet de cette église présente l'aspect le plus imposant. Il est vrai que sa position sur le point élevé de la ville, prête singulièrement à en grandir de loin les proportions.

VITRAUX.

La majeure partie des fenêtres qui l'éclairent sont garnies de vitraux peints qui composent une collection rare et souvent curieuse, ainsi que l'a apprécié M. Didron, dans le rapport déjà cité. Ces vitraux, qui alors étaient en fort mauvais état, ont été restaurés il y a quelques années, grâce aux subventions du Gouvernement, que le classement comme monument historique de cette église lui a valu, par la main habile de M. Maréchal, peintre-verrier à Metz.

La description en va suivre, en commençant par les verrières des bas-côtés qui, probablement, sont les plus anciennes, à partir de la première à gauche en entrant par la porte latérale nord, en suivant jusqu'à la même porte. Il en sera de même pour les verrières des croisées de la grande nef.

La première fenêtre est divisée en trois compartiments garnis d'un tableau représentant la transfiguration de N. S. Jésus-Christ. Dans le lobe supérieur est Dieu le Père bénissant de la main droite et tenant dans la gauche la boule du monde. Dans la partie basse sont les saints Apôtres dans l'extase, et à côté du Sauveur les deux prophètes Moïse et Elie s'entretenant avec lui et prosternés sur des nuages. A gauche, dans la perspective, on aperçoit un charmant paysage représentant la vue de Jérusalem au-devant de laquelle des personnages semblent s'agiter.

La seconde, divisée de même, contient, dans la partie supérieure, le Christ au Jardin des Olives, prosterné devant le calice, recevant la croix de la main d'un ange et entouré de ses fidèles disciples Pierre, Jacques et Jean. Dans la perspec-

tive, derrière saint Jean endormi, est l'arrestation du Christ par
une troupe d'hommes armés le conduisant chez Caïphe. On
les voit traverser la porte de la cour du grand prêtre. L'un
d'eux a la main droite sur le Sauveur, et tient une lanterne de
l'autre main. Le Christ est suivi du jeune homme couvert d'un
linceul dont il est parlé dans l'Evangile selon saint Marc,
chapitre 14, verset 51. En dehors de la palissade se voit la
partie supérieure du groupe d'hommes qui appuient ceux qui
sont entrés dans la cour. Dans la partie principale sont repré-
sentées la flagellation, la scène de l'*ecce homo* et différentes
autres de la passion. On voit à gauche, en perspective, la vue
du temple et de la ville de Jérusalem, et à droite le Calvaire
où sont dressées les trois croix. Dans la partie basse, en dehors, sont deux belles figures de donateurs, l'écusson de leurs
armes et la date de 1544.

La troisième, pareillement divisée, est consacrée à retracer
la légende de saint Pierre et, entre autres sujets, sa condamna-
tion, sa flagellation, sa captivité et sa délivrance par l'ange,
qui a pris la précaution de répandre dans la prison où l'Apôtre était renfermé, une clarté éblouissante. On voit plus haut
le saint en liberté, accompagné par l'ange et traversant avec
lui la porte de fer de la ville, qui s'ouvre devant eux, après
qu'ils ont eu franchi le corps de garde et les soldats endormis
qui, cependant, devaient veiller sur le condamné. Il est ensuite seul se dirigeant vers la maison de la mère de saint
Marc, dans laquelle la jeune Rhodé va le faire entrer pour
qu'il y trouve les fidèles qui y avaient passé la nuit en prière.
Dans le lobe supérieur, l'Apôtre est prêchant devant le peuple.
Au-dessous, Hérode, sur son trône, haranguant les Tyriens et
les Sidoniens, mais menacé de la justice divine par un ange
qui étend son glaive pour le frapper, en même temps que
saint Pierre, derrière le trône du roi, semble se retirer en té-
moignant un sentiment de mépris contre son juge. La partie
monumentale du tableau est traitée d'une manière remarquable. Au bas sont deux donateurs priant, avec l'écusson de
leurs armes.

A la quatrième est un tableau dont le sujet est le Calvaire ;
on y voit le Christ et les larrons crucifiés. La sainte Vierge et
la Madeleine sont priant éplorées aux pieds du Sauveur, au-
dessus de la tête duquel est la représentation du temple avec
un médaillon ayant pour effigie le buste de César, placé dans
un ornement en coquille au-dessus de l'attique. Plus haut

dans le lobe central est la scène du bon jardinier. Dans les autres parties des lobes sont des attributs symboliques portés par des anges. On y remarque ceux de la Force et de la Pénitence, et sainte Véronique déployant le suaire où se voit la sainte face du Sauveur.

Le tableau de la cinquième fenêtre représente la vision et la conversion de saint Paul dans la partie principale. Dans le lobe le Seigneur apparaît au saint en lui montrant l'étendard de la foi. La partie basse a pour sujet la décollation du saint. Deux P entrelacés sont placés en monogramme sur un écusson en cartouche, se trouvant dans la bande qui est à la partie inférieure, et s'appliquent au nom de l'artiste auteur de la peinture du tableau. Peut-être indiquent-ils le nom Pinaigrier, peintre en réputation du xvi° siècle.

On a fixé à la sixième un tableau dont le sujet d'ensemble est la mort de la Vierge, représentée dans un temple élégant surmonté d'un riche baldaquin oriental. Elle est entourée des Apôtres. Dans le fond un personnage qui paraît une femme est en extase devant un groupe de cinq anges, dont celui du centre, et le principal par l'apparence, porte au ciel la sainte couronne ; un autre est porteur de la ceinture virginale qu'il déploie aux yeux du personnage agenouillé. Dans le lobe supérieur on voit le couronnement de la Vierge par le Père, le Fils et le Saint-Esprit. Au bas sont les portraits des donateurs et des membres de leur famille, avec saint Roch et saint Claude leurs patrons. Ce vitrail porte pour monogramme : un chiffre 4, avec un *c* à droite de sa base verticale, et un *d* à la gauche.

La septième fenêtre est garnie d'une verrière qui a pour sujet la Pentecôte ou la descente du Saint-Esprit sur la sainte Vierge et les Apôtres ; ils sont entourés de rayons lumineux et de flammes sortant de la sainte colombe. Dans le lobe au-dessus sont le Père et le Fils bénissant et le Saint-Esprit. Au bas du tableau sont deux donateurs priant, vêtus de riches habits.

A la huitième fenêtre, divisée seulement en deux compartiments, est un vitrail dans lequel se voient deux personnages principaux : celui de droite est saint Christophe ; au-dessous du même côté on voit un chien de grande taille, tenant dans sa gueule et portant sur son dos un personnage inanimé revêtu de son costume ; il est probable que l'artiste a voulu montrer par là le symbole de la fidélité. A gauche est un autre saint, tenant dans sa main droite un livre ouvert et dans celle de gauche un attribut ressemblant à un fouet; au-dessous se voit l'agneau de Dieu ou Jésus-Christ sous cette forme. Dans le lobe supérieur sont figurés des monuments, dont l'agencement a l'apparence mystique.

Le tableau de la neuvième fenêtre représente la tombée de la manne dans le désert, recueillie par une foule de peuple. Moïse est là, debout, étendant sa prestigieuse baguette, et il obtient de Dieu ce précieux secours. Dans le lobe, Moïse est frappant le rocher avec la même verge, et il en fait sortir l'eau que les murmures du peuple réclamaient depuis longtemps.

Celui qui est fixé à la dixième a pour sujet principal le sacrifice d'Abraham, dont l'effet ne manque que par l'intervention de l'ange qui arrête l'épée prête à frapper. Dans les lobes on voit Dieu le Père sous la figure d'un pape nimbé en bleu, en méditation devant la croix qu'il tient à la main, et au-dessus deux anges dont l'un supporte une colonne, symbole de la force; et l'autre tenant des verges et un fouet, celui de la pénitence.

A la onzième un seul meneau divise la fenêtre en deux compartiments. Le tableau qui y est fixé a pour sujet l'arbre généalogique de la Vierge. Jessé est étendu, couché dans la partie basse. Sur les rameaux de l'arbre dont il est la racine, se posent les rois sortis de sa race, et enfin dans le lobe supérieur la Vierge tient l'enfant Jésus surmontant le croissant. Ce vitrail est le seul de l'église qui n'ait pas été réparé par les soins de M. Maréchal, de Metz. Au bas est une suite de donateurs dont quelques figures, de restauration récente, sortent du ton d'ensemble des parties originales.

Le tableau fixé à la douzième fenêtre n'est aussi divisé qu'en deux compartiments. Celui de droite représente la figure en pied de Charlemagne, revêtu de ses habits impériaux, tenant dans ses deux mains l'épée et le globe. Le fond est composé de l'intérieur d'un palais tendu de riches étoffes. Celui de gauche contient aussi en pied saint Louis, roi de France, dans ses habits royaux avec le manteau fleurdelisé. Ce roi tient d'une main le sceptre et de l'autre la main de justice; il porte au col en sautoir le grand collier en or de l'ordre de Saint-Michel, quoique cet ordre n'ait été créé que par Louis XI. Au dessus de ces deux saints rois sont des anges jouant d'instruments de musique. Dans les lobes on voit le

Christ sur la croix, et la Vierge et la Madeleine priant à ses pieds.

La treizième fenêtre n'est aussi divisée qu'en deux parties. L'ensemble du sujet qui y est peint représente la légende de saint Éloi. Dans le lobe supérieur, le saint est occupé à forger et préparer sur l'enclume une pièce de métal, tandis qu'un autre personnage plus âgé tire la chaîne fixée au soufflet de la forge. Dans la partie à droite, sous les yeux du roi Dagobert accompagné d'un écuyer, l'orfévre béni de Dieu pèse des selles d'or. Une inscription en caractères du temps indique comme un miracle qu'une seule selle pesée en emporte deux autres qui sont dans l'autre côté de la balance. Dans une autre scène à gauche, le saint est en devoir de poser un fer de cheval; mais, pour rendre l'opération plus facile, il trouve plus simple de détacher ou séparer la jambe de l'animal, qu'il place ensuite sur son enclume et y fixe le fer. Au-dessous le saint, dans son costume d'orfévre, distribue des aumônes. Au premier plan on voit d'un côté, à droite, le couronnement et la consécration du saint comme évêque de Noyon, et de l'autre côté il guérit un malade en lui imposant sa main gantée et ornée de l'anneau épiscopal. Cette dernière scène se passe devant le roi, qui est ici sous la figure ressemblante et le costume de François Ier, et dans une ville maritime, à en juger par la perspective du paysage formant le fond de cette dernière scène.

A la quatorzième fenêtre, également divisée en deux parties, est un tableau qui, dans l'ensemble, a pour motif une descente de croix. Le Christ est étendu à terre entouré de sa Mère, de la Madeleine et de plusieurs autres personnages. Dans le lobe au-dessus est un saint Michel en pied, revêtu de son armure, tenant la croix dans une main et le glaive de l'autre avec lequel il frappe le démon qui est sous ses pieds et qui a des formes et une figure hideuses.

La quinzième, pareillement divisée, a un tableau où l'artiste a peint la tentation de N. S. Jésus-Christ par Satan. Ici le diable a revêtu la robe et la physionomie d'un vénérable docteur, mais sous cette robe on aperçoit le pied crochu du démon; il est couvert d'un capuchon et est dans l'action de montrer au Seigneur une pierre, en lui proposant de la changer en pain. A gauche le fond du tableau est occupé par une perspective admirable. Le temple de Jérusalem s'y fait voir sous la forme d'une vaste rotonde qui y tient le premier rang.

Sur le couronnement en galerie extérieure de cet édifice, le démon y paraît encore, après avoir transporté la personne du Christ au moment où il lui dit : Si vous êtes le Fils de Dieu, jetez-vous en bas, etc. Enfin, à droite, on voit sur une montagne le démon qui a repris sa forme hideuse, précipité du faîte en bas, et le Sauveur lui disant à son tour : Retire-toi, Satan, etc. Dans le lobe est représenté N. S. Jésus-Christ servi par un ange qui lui remet un pain et qui tient un vase à la main ; plus haut, un autre ange descend du ciel pour se joindre à la glorification du Fils de Dieu.

Le tableau placé à la seizième fenêtre, divisée en trois compartiments, a, dans son ensemble, pour sujet la résurrection du Sauveur s'élançant du tombeau dont la pierre qui le couvrait est renversée, et laissant ses gardes dans la frayeur et l'épouvante. Dans les lobes on voit son ascension au ciel devant les Apôtres éblouis et prosternés, et une multitude de peuple en admiration à la vue d'un si grand miracle. Dans la partie basse sont, à droite, un donateur avec sa femme sous le patronage de saint Jean-Baptiste, et à gauche un autre donateur avec sa femme et saint Pierre son patron. Au milieu est l'écusson des armes du principal de ces donateurs.

A la dix-septième fenêtre on a appliqué une verrière en six tableaux, dont l'un, à droite, représente l'Annonciation, le deuxième la Nativité, le troisième l'Adoration des bergers ; au bas à droite est l'Adoration des mages, au centre la Circoncision, et à gauche la Présentation au temple. Dans les lobes, au centre, se voit l'Assomption de la sainte Vierge entourée d'anges jouant d'instruments, et au-dessus la personne du Sauveur bénissant. Cette verrière porte la date de 1543, tracée sur une pierre qui est dans le compartiment supérieur du centre, aux pieds de saint Joseph.

La dix-huitième fenêtre contient une verrière composée de douze tableaux, dont dix représentent dans l'ensemble la légende de saint Yves Hélori, patron des avocats. Le premier, à droite au premier plan, fait voir l'apparition d'un ange à la mère d'Yves et lui révélant la vocation à venir de son fils, ainsi que l'indique d'ailleurs la légende qui est dans ce panneau. Le deuxième au-dessus représente l'éducation du saint Enfant ; il est à l'école, occupé à expliquer à son maître, qui est remarquable par son costume et sa physionomie, la leçon qui lui est donnée, et pendant ses démonstrations ses doigts sont en jeu. Le troisième à la gauche du premier retrace une

scène dans laquelle le saint, encore jeune, revêtu d'une tunique en hermine et agenouillé vraisemblablement devant le duc de Bretagne, semble recevoir l'investiture de la première magistrature confiée à ce saint qui, comme on sait, a eu une grande renommée dans cette partie de la France. Dans celui d'au-dessus saint Yves distribue des aumônes à des boiteux et des infirmes. On voit dans le cinquième au-dessus du second le saint occupé dans un hôpital à panser un malade ; derrière cette scène, d'autres personnes dans une grande salle paraissent attendre leur tour d'être secourues, quelques-unes même se préparent à découvrir leurs maux et à enlever leurs vêtements. On voit une femme amener un jeune enfant ; enfin un homme se voit au fond portant une hotte dans laquelle sont deux enfants nouveau-nés et emmaillotés. Au sixième, à côté de celui-ci, le saint est représenté sur son tribunal, rendant un jugement qu'une inscription placée à ses pieds qualifie de miraculeux. Il est vrai qu'au-dessus de la tête du magistrat apparaît une colombe qui doit personnifier là le Saint-Esprit qui l'animait. Dans le septième, à côté du dernier, le saint paraît s'empresser de porter secours à un personnage qui semble être dans la douleur et en prière. Le premier lobe de droite fait voir le saint devant une maison enflammée et paraissant conjurer l'incendie par la vertu des reliques qui sont dans ses mains. Dans le lobe d'à côté on le voit conférer avec un docteur vénérable et lui faire une démonstration. Enfin, dans celui du haut, le saint offre sa table aux pauvres et leur fait servir des aliments. Au-dessous du septième panneau est un tableau retraçant une lutte entre trois personnages en costume du temps de Louis XIII, devant une maison où, au premier étage, on aperçoit une femme fort légèrement vêtue qui semble intervenir par ses cris dans cette scène dont elle est probablement le sujet. Si le peintre n'avait pas pris soin de mettre au bas une légende pour indiquer qu'il s'agissait là d'un miracle où la main de Dieu n'était pas étrangère, il serait difficile d'y voir un sujet pieux. Au-dessous de ce dernier panneau est le portrait d'une donatrice à genoux, revêtue d'un grave costume de veuve avec la cordelière en or descendant jusqu'à ses pieds. Ces deux derniers tableaux sont certainement des hors-d'œuvre : l'histoire de saint Yves ne paraît pas s'y rattacher. Le faire d'ailleurs n'est pas le même : il est facile de voir que le portrait de la donatrice surtout, par la pureté du dessin et la manière dont il est traité, comparativement à la médiocrité du reste, n'est pas de la main de l'artiste de la légende de saint Yves. Il est probable, par le costume et son caractère, qu'il est la figure d'Anne de Bretagne, veuve des rois Charles VIII et Louis XII, dernière comtesse de Montfort-l'Amaury : il a dû être retiré d'une des verrières détruites par le temps et aura trouvé là sa place que la même cause avait rendue libre. D'ailleurs, la dimension de la traverse de fer qui fixe ce portrait au panneau, et qui est bien plus large que les autres, le prouverait.

A la dix-neuvième verrière, on a placé un vitrail divisé en trois compartiments par les meneaux. L'ensemble est la légende de saint Hubert. Il est représenté à genoux devant le cerf miraculeux portant sur sa tête le crucifix lumineux, et au-dessus, dans le ciel, apparaît un ange dans une gloire éclatante qui apporte au saint le gage de sa sanctification. Près du saint est son écuyer tenant des chevaux et des chiens. Dans le fond de la perspective est une forêt en laquelle se remarque une chasse au sanglier, et à droite un paysage et la ville de Liége qu'habitait le saint. Le lobe du même côté représente la consécration de saint Hubert en qualité d'évêque. Au lobe du côté opposé se voit la scène où, à une procession des Rogations que présidait le saint, le pieux évêque fut troublé par une femme possédée du démon à laquelle il imposa silence et lui rendit la santé en la bénissant et formant sur elle le signe de la Rédemption. Dans le lobe supérieur, le saint prélat est à ses derniers moments sur un lit de parade où il est revêtu de ses riches habits. Plus haut se voit l'apothéose du saint, dont l'âme personnifiée est transportée au ciel par deux anges qui tiennent chacun de son côté le suaire qui la supporte.

Le vitrail de la vingtième croisée est aussi divisé en trois compartiments ne composant qu'un seul sujet qui est l'adoration des mages. Il est en grisaille, genre dont l'emploi a été ici regrettable à cause du peu d'apparence des traits, car le tableau paraît composé par une main exercée et habile. Dans les lobes, à droite et à gauche, sont deux anges supportant des écussons armoriés. Le tableau se termine en dessous par une inscription latine ayant trait au sujet et qui, dans les restaurations modernes, remplace une autre inscription qui était interrompue par des fractures.

La vingt-unième est pareillement divisée en trois. Dans la partie inférieure à droite, est saint Joachim dans le désert où il s'était retiré, et à qui l'ange révèle l'avenir destiné par le Créateur à l'enfant qui devait naître de lui et de sainte Anne son épouse. Derrière, Joachim, rempli de joie de la bonne nouvelle qu'il avait reçue, donne le baiser à sainte Anne qui a l'air de venir à sa rencontre devant la porte Dorée. A côté est représentée la naissance de la sainte Vierge; on y voit sainte Anne au lit entourée de femmes lui donnant des soins et l'enfant nouveau-né lavé et réchauffé par d'autres femmes. La partie supérieure est employée dans son ensemble à faire voir l'intérieur du temple, où on remarque dans le sanctuaire le tabernacle, l'arche d'alliance, l'autel des parfums, la mer d'airain, le chandelier à sept branches et différents autres attributs. La scène qui s'y passe est la présentation et l'adoration au temple où plusieurs personnages viennent faire des offrandes. Dans le fond de la partie droite, la sainte Vierge, sous les traits d'une jeune fille, est présentée par Joachim au grand prêtre qui descend les degrés du sanctuaire pour recevoir l'offrande que tient la jeune fille. Ces deux tableaux sont séparés par une inscription indiquant que c'est à l'ancienne confrérie de Notre-Dame que l'on doit le don qu'elle fit à l'Eglise de cette verrière au mois d'août 1574.

Dans la vingt-deuxième on a placé un vitrail en trois divisions opérées par les meneaux, et dont la partie supérieure retrace la visitation de la sainte Vierge à sainte Elisabeth; à droite et à gauche de cette partie sont de saintes femmes qui paraissent les accompagner. Dans la partie basse se voit le mariage de la Vierge, en présence de spectateurs en riches costumes. Plus haut est la Présentation au temple.

La vingt-troisième est garnie d'un vitrail divisé en plusieurs parties, dont le centre représente la Vierge tenant l'enfant Jésus dans une auréole éclatante. A la droite est saint Joseph sommeillant et averti en songe par un ange. Au-dessous, la sainte Famille au repos. A la gauche, l'enfant Jésus, la Vierge et saint Joseph paraissant partir pour un voyage. Au-dessous, le Sauveur au milieu des docteurs. Dans la partie inférieure du vitrail et au-dessus de la Vierge, sont représentés la cité de Dieu et des emblèmes mystiques, avec des légendes et le millésime 1574. Dans le lobe, Dieu le père entouré d'adorants et dans l'action de bénir.

La vingt-quatrième est ornée d'un tableau complet portant la date de 1578, représentant notre Seigneur Jésus-Christ guérissant un malade au milieu d'une foule de peuple. Au-dessous, l'artiste a représenté avec les costumes du temps les donateurs agenouillés devant des prie-Dieu décorés de leurs armoiries. Dans les lobes sont, au centre, le Père Eternel, et à gauche des anges et des chérubins.

La vingt-cinquième croisée comprend une verrière dans laquelle est un tableau dont l'ensemble, y compris les lobes, retrace la Charité sous l'exercice de différentes œuvres et sous des emblèmes divers. Le lobe central reproduit les armoiries du donateur.

La vingt-sixième, dans son ensemble, représente une Assomption de la sainte Vierge. Dans les lobes on voit la figure du Père Eternel, et des anges tenant des couronnes. Au bas du tableau sont un donateur et sa femme prosternés.

La vingt-septième croisée comprend une verrière qui retrace la légende de la vie de Joseph. Ce sujet est traité d'une manière complète. C'est certainement l'un des tableaux de l'église de Montfort-l'Amaury le mieux traités et le plus intéressants.

La vingt-huitième croisée est garnie d'un vitrail intercalé dans un panneau en verres blancs. Il comprend, au centre, saint Roch pansé d'une plaie par un ange et accompagné de son chien fidèle. A droite se voit le martyre de saint Sébastien et, à la gauche, la représentation de saint Gaon. Ces trois saints étaient les patrons de l'ancienne confrérie des frères de la charité de Montfort-l'Amaury. Dans le lobe, sur un écusson surmonté d'un cimier, se trouvent retracés les mêmes saints sur un fond noir.

Ces quatre dernières croisées étaient renfermées dans la partie de l'église qui était réservée aux exercices particuliers des membres de la confrérie de charité, et qui aujourd'hui est réunie à l'ensemble de l'édifice.

La vingt-neuvième croisée est composée de verres blancs, mais dans la verrière on a récemment inséré un petit vitrail suisse qui n'est qu'un fragment dont le sujet n'est pas accusé d'une manière positive. Ce tableau qui, à en juger par les bordures, n'est qu'une partie d'un travail plus important, fait regretter la perte du surplus. Il était précédemment dans la verrière garnissant la vingt-huitième croisée; il en a été retiré lors des restaurations récentes.

La trentième, quoique garnie seulement d'un vitrail blanc, est remarquable par l'agencement des plombs qui reproduit, par l'alternance des disques petits et grands, la forme du treillis de pierre ornant le jubé de Saint-Etienne du Mont à Paris : ici c'est le plomb qui fait office de la pierre.

A la première fenêtre supérieure de la grande nef, au-dessus de la première du rez-de-chaussée, est appliqué un vitrail où l'artiste a pris pour sujet Adam et Eve dans le paradis terrestre, auprès de l'arbre de la science du bien et du mal, dans lequel le démon paraissant par les formes inférieures sous l'apparence du serpent et sous celles supérieures avec une figure humaine, excite Eve à accepter le fruit défendu qu'il vient de cueillir sur cet arbre.

A la deuxième est fixé un tableau central dans lequel une martyre, le corps nu, est traînée par un cavalier qui tient une corde à laquelle la pauvre victime est attachée par les cheveux, et traînée sur le sol, la face tournée vers le ciel, tandis qu'un personnage levant un glaive semble vouloir l'en frapper. La scène paraît présidée par un autre cavalier, casque en tête et lance à la main, qui a l'air de ne remplir là que le rôle d'ordonnateur.

La troisième contient aussi une scène dans laquelle on voit le martyre d'une autre femme paraissant fixée horizontalement, face en dessous, au plafond d'une salle dans laquelle trois personnages portent à cette martyre des coups d'armes tranchantes dont ils sont porteurs.

La quatrième fenêtre n'a plus qu'un vitrail blanc.

La cinquième croisée, divisée en deux compartiments, contient, dans celui de droite, la figure en pied de saint Denis l'apôtre des Gaules, portant son chef dans les mains ; et celui de gauche, l'image de saint Etienne martyr, tenant une palme d'or dans la main droite et un livre saint dans la main gauche.

La sixième fenêtre est garnie d'un sujet représentant la descente du Saint-Esprit sur les Apôtres, surmonté, dans les lobes, du Père et du Fils bénissant.

A la septième est fixé un vitrail où sont peints saint Jacques et saint Jean l'évangéliste. Dans le lobe au-dessus est un ange armé montrant un vase qui paraît être un réchaud en trépied. Au bas il y a un donateur priant.

La huitième au-dessus du maître autel comprend une verrière représentant le Christ au Calvaire. Au pied de la croix sont la sainte Vierge et la Madeleine éplorées. Dans le lobe est Dieu le Père bénissant.

Le tableau garnissant la neuvième croisée offre les deux

figures en pied de saint Pierre et de saint André. Dans les lobes sont représentés les instruments de la passion. Au bas du vitrail est le portrait d'un donateur priant.

Enfin celui fixé à la dixième croisée contient, au bas des deux côtés, les portraits de deux martyrs homme et femme, tenant chacun une palme en main. La partie supérieure représente, à droite, l'exécution d'un autre martyr ayant une meule de moulin attachée au cou et lancé dans l'eau d'une rivière par ses bourreaux qui l'ont amené dans une barque. Dans la partie gauche, le même martyr paraît étendu mort sur le rivage, au moment où un ange apparaît pour chasser et faire fuir un loup et un vautour qui s'apprêtaient à dévorer la victime.

Quant à toutes les autres croisées de la partie supérieure de l'église, elles sont dépourvues de vitraux peints, quoique des fragments de bordures existant encore autour de plusieurs indiquent que des détériorations sont à regretter.

FIN.

Versailles. — Imprimerie de BEAU jeune, rue de l'Orangerie, 36.